HISTOIRE

DE LA

BARONNIE DE CHEVILLY

ET

NOTICE HISTORIQUE, ARCHÉOLOGIQUE, GÉOLOGIQUE,

SUR LES LOCALITÉS QUI COMPOSENT LA PAROISSE ACTUELLE DE CHEVILLY,

Par Emmanuel DE TORQUAT,

CHANOINE HONORAIRE D'ORLÉANS, MEMBRE DE PLUSIEURS SOCIÉTÉS SAVANTES,
CURÉ DE CHEVILLY.

ORLÉANS,
H. HERLUISON, LIBRAIRE-ÉDITEUR,
17, RUE JEANNE-D'ARC, 17.

1869

(Extrait du tome XI des Mémoires de la Société archéologique de l'Orléanais.)

Orléans, imp. de G. JACOB, cloître Saint-Étienne, 4.

HISTOIRE

DE LA

BARONNIE DE CHEVILLY.

―――

La baronnie de Chevilly n'était pas un de ces grands fiefs du moyen âge dont l'histoire se lie à l'histoire de France. Cependant ses annales ne sont point dépourvues d'intérêt, et son territoire renferme des antiquités dignes d'étude. Nous allons la considérer au double point de vue de l'histoire et de l'archéologie. Les archives du département et celles du château de Chevilly nous ont fourni les documents qui servent de pièces justificatives à notre monographie. Deux années d'examen suivi et attentif nous ont permis de reconnaître ce que les temps anciens ont laissé de remarquable dans la contrée.

PARTIE HISTORIQUE.

I

L'origine de Chevilly, en latin *Seviliacum*, paraît remonter à l'époque celtique; car la terminaison *ac* dont les Romains ont fait *acum* et les Français *y*, est évidemment gauloise. Nous la retrouvons dans *Floriacum, Clariacum, Sulliacum* et plusieurs autres noms d'une époque antérieure à la domination romaine. Le premier titre connu où il soit question de Chevilly est un aveu fait par Jean de Pannes, le 22 novembre 1389. Pierre Pinet, en 1445, Bernard et Aymé Rousselet, en 1545, 1548 et 1556, rendaient foi et hommage au duc d'Orléans pour les fief, seigneurie et château de Chevilly (1). Nicolas Mascot, chanoine prébendé de Sainte-Croix, archidiacre de Sully, seigneur de Chevilly, obtenait en 1631, de Marin Boucher et Pierre Fougeu, vicaires généraux capitulaires, pendant la vacance du siége, l'autorisation de construire une chapelle dans la cour du château de Chevilly.

Au XVIIᵉ siècle, l'histoire devient plus explicite. Un chanoine et pénitencier de Sainte-Croix d'Orléans, curé des paroisses de Sainte-Catherine et de Saint-Pierre-Ensentelée réunies ensemble, possesseur du fief de Chevilly dès l'année 1658, Messire Amable Choque, faisait son testament le 17 septembre 1675. Il léguait à la maison des révérends

(1) Archives du département, A-427, A-434.

prêtres de l'Oratoire d'Orléans les terres du grand et petit Chevilly, assis en la paroisse d'Andeglou, et la terre des Francs, sise en la paroisse de Creuzy, à certaines conditions, notamment à celle de faire faire cinq pièces de tapisserie de l'histoire et vie de sainte Catherine, de la valeur de cinq cents livres chaque pièce, pour les cinq arcades de l'église de Sainte-Catherine d'Orléans.

Huit jours après, le 24 septembre, sous une influence que subissent souvent les testateurs, le même Amable Choque, déjà malade depuis quelque temps, ajoutait à son testament un codicile qui attribuait les terres du grand et petit Chevilly et celle des Francs à Nicolas Hatte, écuyer, conseiller du roi, receveur des finances à Alençon, son cousin issu de germain, pour la bonne amitié qu'il lui portait, et révoquait le legs fait aux révérends prêtres de l'Oratoire d'Orléans et différents autres dons (1).

Le grand et le petit Chevilly étaient deux lieux distincts, mais très-rapprochés. Le grand Chevilly se composait du château, siége de la seigneurie, et d'une métairie ; le petit Chevilly formait ferme et hameau.

La terre des Francs était un fief voisin, qui a donné son nom à une famille noble d'Orléans.

En 1675, la seigneurie de Chevilly relevait en plein fief du duché, ressortissait au bailliage et suivait la coutume d'Orléans. Elle avait un bailli avec droit de haute, moyenne et basse justice.

Messire Amable Choque mourut assez peu de temps après la rédaction du codicile, et son héritier, Nicolas Hatte, entra en possession des fiefs de Chevilly et des Francs le 30 mars 1676. Il en jouit pendant soixante-deux ans. Malgré les fonctions de receveur général des finances

(1) Testament de A. Choque, archives du château.

qu'il remplissait à Alençon, il s'occupa de sa propriété de Chevilly, l'augmenta des fiefs du grand et petit Coudreau, en 1700 ; rebâtit en 1733 le château ainsi que la chapelle, qu'il transféra de la cour dans l'aile droite de l'habitation. Il avait le goût des arts et enrichit le nouvel édifice de sculptures et de peintures qui subsistent encore, pour la plupart, comme la tribune en bois de la chapelle, les panneaux placés au-dessus de quelques portes.

La chapelle eut son bénéficier titulaire à la nomination et sous le patronage du seigneur, avec une fondation de trente-quatre messes pour le repos de l'âme du généreux testateur, Amable Choque, et des parents défunts de l'héritier préféré.

Nicolas Hatte mourut en 1738, et laissa pour héritier Charles-Robert Hatte, seigneur de Montisambert, son fils, qui ne lui survécut que trois ans. Charles-Robert eut deux enfants, Marie-Anne, mariée à Pierre Amiot, sieur de la Barre, et Louis-Robert qui, le premier, ajouta à son nom patronymique le titre de sieur de Chevilly, qu'il se réserva lorsqu'il vendit la terre. Lieutenant au régiment des gardes-françaises et habitant presque toujours Paris, Louis-Robert Hatte ne songea pas à conserver la propriété de Chevilly, qu'il visitait peu, et la vendit en 1753, pour la somme de 75,000 livres, somme inférieure à celle qui avait été dépensée pour la construction du château.

Cette propriété se composait alors du grand Chevilly, qui avait château, colombier, bâtiment de ferme ; de la métairie du petit Chevilly, de la seigneurie des Francs, des grand et petit Coudreaux, dont les bâtiments avaient été démolis. Comme fief, elle relevait du duc d'Orléans, et aussi, pour certaines portions de terres, des Chartreux et de l'Hôtel-Dieu d'Orléans, du comte de Polignac, seigneur de Monpipeau, des seigneurs du Portail, de Domecy, de

Cormes, de Gidy, des Châteliers, qui étaient MM. de Gennes, Boucher de Molandon, Lhuillier, etc. (1).

L'acquéreur fut Messire Etienne de Silhouette, chevalier, conseiller du roi, maître des requêtes ordinaire de l'hôtel de Sa Majesté, chancelier garde des sceaux, chef du conseil et surintendant des maisons, domaines et finances de S. A. S. Mgr le duc d'Orléans, premier prince du sang.

M. de Silhouette, né à Limoges, a joué un rôle assez court, mais très-éclatant, sous le règne de Louis XV. Son nom devint à la mode et resta à un genre de portraits alors très-en vogue. Il fut ministre d'État et contrôleur général des finances. Il essaya de réparer le déficit produit par la guerre ruineuse de 1756, parla d'économie et de réforme au roi. Sa disgrâce ne se fit pas attendre. Il se retira dans sa terre de Brie-sur-Marne, où il mourut en 1767. Il a laissé plusieurs ouvrages où il traite de la politique, de l'histoire, de la religion et de la philosophie.

Avant d'acheter Chevilly, M. de Silhouette était déjà en possession des terres, fiefs et seigneuries d'Andeglou, de Monchêne, des Châteliers, de la Cour, des Bordes, de l'Étendard, paroisse de Saint-Germain-d'Andeglou ; de Chevaux, paroisse de Creuzy ; de Jupeau, paroisse de Cercottes ; de la Grange-de-Pannes, paroisse de Poupry, et d'une grande étendue de bois dans la forêt d'Orléans.

Mais quand il se vit forcé de s'éloigner de Paris, après huit mois de ministère, il se hâta de vendre tout ce qu'il avait acquis à Chevilly ou aux environs, et le 28 avril 1763, céda au prix de 238,278 livres une propriété qui lui produisait 8,278 livres de revenu net (1).

(1) Acte de vente, archives du château.

II

Messire Jean-François-Claude Perrin de Cypierre, chevalier, seigneur de Volesvre, Masoncle et Chevagny, conseiller du roi, maître des requêtes honoraire de son hôtel, fut l'acheteur. Il avait succédé, en janvier 1761, à Charles Barantin dans la charge de commissaire départi pour l'exécution des ordres du roi, ou d'intendant de justice, police et finances en la généralité d'Orléans (1).

Cette charge, qui rencontra longtemps une assez vive opposition en France, avait un peu perdu de son importance en 1763. Cependant elle permit à M. de Cypierre, d'une noblesse très-ordinaire, de se poser en grand seigneur au château de Chevilly. C'était une vaste habitation, composée de cinq pavillons, avec cour d'honneur, fossés, longue avenue. A peu près délaissée, depuis la mort de M. de Montisambert, quoiqu'elle renfermât pour plus de 15,000 livres de mobilier, elle réclamait une décoration. Le nouveau propriétaire l'embellit, l'agrandit et fit ouvrir cinq avenues principales, plantées et pavées, qui aboutissaient à une place circulaire assez rapprochée de la cour d'honneur. Il comprit qu'un titre donnerait du relief à une seigneurie perdue au milieu de vingt autres de même nature. Il entreprit de la faire ériger en baronnie. Il adressa une très-humble supplique à Louis XV, qui daigna écouter la prière de l'intendant de la généralité d'Orléans, et par lettres-patentes du mois d'avril 1764, créa, en faveur de Messire Jean-François-Claude Perrin de Cypierre et de sa postérité masculine, la baronnie de Chevilly, comprenant

(1) Archives du château.

tout le territoire de la paroisse d'Andeglou. Cette baronnie fut dotée de tous les droits et priviléges dont jouissaient alors les autres baronnies : droit de justice haute, moyenne et basse; droit d'avoir fourches patibulaires, poteaux et carreaux aux armes seigneuriales; droit pour le baron de nommer un bailli ou lieutenant de bailli, qui tiendrait séance chaque jeudi dans l'auditoire de Chevilly ; de créer un procureur d'office, un greffier, un notaire tabellion, des procureurs postulants, des huissiers et autres officiers. La juridiction de l'ancien bailli s'étendait seulement sur Andeglou, Monchêne, la Cour-de-Langennerie et Chevaux ; la juridiction du nouveau bailli que pouvait nommer le baron comprit la Chapelle-Saint-Barthélemi, Gidy, Cercottes, Boulay, Bricy et Huêtre (1).

La baronnie de Chevilly, bien que située dans le duché d'Orléans, releva en plein fief, foi et hommage du roi, à cause de la couronne, comme le prouve un aveu fait en 1785. Elle demeura cependant dans le ressort du bailliage et continua à suivre la coutume d'Orléans.

Tous les seigneurs dont les fiefs se trouvaient compris dans la juridiction de la nouvelle justice baronnale, et ils étaient nombreux, reçurent une indemnité.

Les lettres-patentes du roi portant création de la baronnie de Chevilly furent enregistrées au Parlement, à la Chambre des comptes, au bureau des finances, au bailliage d'Orléans, à la fin de 1764.

Ce ne fut pas assez pour M. de Cypierre. Il voulut changer le nom de la vieille paroisse d'Andeglou et lui donner celui de la jeune baronnie. De gré ou de force, il amena le syndic et les habitants à dire que de graves inconvénients résultaient de la variété dans les dénominations, et à demander au roi

(1) Aveu fait à Louis XVI (1785), archives du Loiret.

un seul et même nom pour la paroisse et la baronnie. On s'assembla au mois de décembre 1765, et l'avocat Godescart de l'Isle fut chargé de rédiger une requête pour supplier Louis XV d'ordonner qu'à l'avenir la paroisse d'Andeglou, qui comprenait dans sa circonscription le bourg où se trouvait l'église, Langennerie de Pluseau, le grand et le petit Chevilly, la Croix-Briquet pour moitié, la Chapelle de Saint-Barthélemi, s'appellerait paroisse de Chevilly.

La demande fut portée devant le conseil d'État. Le 3 janvier 1766, le roi présent, un arrêt rendu à Versailles prescrivit que les nom et dénomination de paroisse d'Andeglou demeureraient supprimés, pour être ladite paroisse dorénavant dénommée purement et simplement paroisse de Chevilly, et que ce nom seul serait employé dans le rôle des tailles, dans les états de département de l'élection d'Orléans, et dans tous les actes publics.

Le 29 janvier suivant, des lettres-patentes du roi, adressées à M. de Cypierre, ordonnaient la mise à exécution de l'arrêt du conseil d'État, et indiquaient le nom de Chevilly comme le seul nom commun du chef-lieu et des membres de l'ancienne paroisse d'Andeglou. Ces lettres, enregistrées en Parlement le 7 mai, l'avaient été déjà à la Chambre des comptes et à la Cour des aides. Elle furent lues et publiées à l'audience civile du bailliage d'Orléans, comme aussi lues, publiées et affichées dans la paroisse de Chevilly.

Plus M. de Cypierre obtient, plus il veut obtenir. Il existait, sur le territoire de l'ancienne paroisse d'Andeglou, outre l'église paroissiale, deux chapelles sous le vocable, l'une de Saint-Barthélemi, l'autre de Saint-Jacques, qui avaient été bâties, dans le principe, pour l'utilité des habitants des hameaux éloignés du centre ; le baron de Chevilly en demande la suppression et veut doter la chapelle de son château des biens et privilèges qui leur appartenaient.

Par acte notarié du 14 avril 1764, l'intendant de la généralité d'Orléans acquiert des révérends prêtres de l'Oratoire de la maison et séminaire de Saint-Magloire, à Paris, la justice et seigneurie de la Chapelle d'Andeglou qui leur appartenaient, et fait ratifier cet acte par le supérieur général de la congrégation et son conseil, avec l'approbation de l'archevêque de Paris, abbé de Saint-Magloire et premier supérieur. Puis, le 14 juin suivant, M. et Mme de Cypierre supplient humblement Mgr l'évêque d'Orléans ou ses grands-vicaires d'autoriser la translation, dans la chapelle de leur château, des fondations et services qui s'acquittent dans la chapelle de Saint-Barthélemi ou de Saint-Magloire, plus la suppression de ladite chapelle. Mgr Louis Sextius de Jarente de la Bruyère, qui était alors à la cour de Louis XV, à Versailles, sur la demande même des suppliants et la réquisition du promoteur de l'évêché, nomme un commissaire pour examiner l'affaire, et choisit pour cette fonction Antoine-Joseph-Marie Palerne, chanoine, grand-chantre de Sainte-Croix, vicaire général.

Le 11 avril 1765, M. Palerne se rend au hameau de la Chapelle d'Andeglou, accompagné du promoteur et du greffier de l'officialité d'Orléans, de Benoît de Bonnière, ingénieur des ponts et chaussées, nommé expert par sentence du lieutenant-général au bailliage d'Orléans, pour visiter la chapelle de Saint-Barthélemi et faire une enquête de *commodo* et *incommodo*.

Après examen, l'expert Benoît de Bonnière constate que la chapelle de Saint-Barthélemi, tout petit bâtiment de trente pieds de longueur sur quinze de largeur, terminé en rotonde, couvert en tuiles, éclairé par deux fenêtres, surmonté d'un clocheton de quatre pieds d'élévation, est dans l'état de dégradation le plus complet et menace ruine.

M. Palerne se fait représenter le mobilier, les vases sacrés et le linge de l'église, qui répondent, par leur pauvreté, à l'exiguité et au délabrement de l'édifice. Il interroge ensuite le curé d'Andeglou, qui consent sans peine à la suppression et à la démolition de la chapelle de Saint-Barthélemi et à la translation dans la chapelle du château des fondations et services, qui consistaient simplement en cinquante-deux messes basses à acquitter chaque année, moyennant une rétribution de soixante livres.

Six témoins, assignés par M. de Cypierre et choisis parmi les habitants du voisinage, viennent déposer que la chapelle de Saint-Barthélemi, vulgairement appelée chapelle de Saint-Magloire, est dans le plus déplorable état, faute d'entretien, très-éloignée du centre des habitations, trop près de la forêt ; que le curé d'Andeglou ou son vicaire y dit chaque vendredi une messe basse à laquelle presque personne n'assiste, et qu'il est très-opportun de transférer ce genre de service dans la chapelle du château, beaucoup mieux ornée, plus fréquentée, et dans un quartier plus habité.

Procès-verbal de cette visite est dressé et envoyé à Mgr de Jarente qui, le 22 mai suivant, prononce la suppression de la chapelle de Saint-Barthélemi, la réunion de ses fondations et services à la chapelle du château ; cette suppression et cette réunion, approuvées par Thomas de la Valette, supérieur général de la congrégation de l'Oratoire, sont homologuées le 30 juillet 1765 par le Parlement de Paris et consenties par le roi, qui permet à M. de Cypierre de disposer des matériaux provenant de la démolition.

Restait la chapelle de Saint-Jacques, tout petit pricuré qui avait pour collateur et patron l'archidiacre de Beauce, en l'église de Sainte-Croix. Son titulaire, assez richement doté, résidait à Orléans et n'avait d'autre obligation que celle d'acquitter cinquante-deux messes chaque année.

Cet oratoire avait été bâti plusieurs siècles auparavant, non pour une maladrerie, comme on l'a supposé, mais pour servir de chapelle de secours aux habitants de Langennerie, assez éloignés de l'église paroissiale. Lorsque, en 1769, le baron de Chevilly entreprit de faire exécuter les avenues que le duc d'Orléans lui avait permis de pratiquer dans la forêt, suivant le tracé enregistré en la maîtrise des eaux et forêts du duché, et moyennant indemnité envers les tiers, il remarqua qu'une de ces avenues devait traverser des bois dépendant du prieuré de Saint-Jacques. La circonstance lui parut favorable pour arriver à la suppression de la vieille chapelle et à la réunion de ses biens aux domaines du château.

Pendant un séjour à l'hôtel Groslot qu'il occupait à Orléans, M. de Cypierre s'adresse au chapelain de Saint-Jacques, Thomas Naulet, qui demeurait cloître Sainte-Croix ; lui fait des propositions d'échange ; lui parle de la réunion du titre ecclésiastique de son prieuré à la chapelle du château, et s'engage à lever toutes les difficultés qui pourraient être soulevées contre la transaction, soit par l'autorité civile, soit par l'autorité ecclésiastique.

Les deux parties se rendent chez le lieutenant-général au bailliage et siége présidial d'Orléans, et conviennent entre elles que soixante-sept mines et demie de terres labourables, dix-sept arpents vingt perches de bois en gruerie, dépendant de la chapelle Saint-Jacques, à Langennerie, le bâtiment de la chapelle même et toutes les dépendances, seront cédés à M. de Cypierre, baron de Chevilly, pour en jouir en pleine propriété et faire les percées et routes désignées dans le plan enregistré à la maîtrise des eaux et forêts.

De son côté, M. de Cypierre cède et transporte, en échange, au chapelain Thomas Naulet et à ses successeurs, cent quarante et une mines de terres labourables, situées au territoire de Meilleray, paroisses de Huêtre et de Gidy, pour en jouir au même titre qu'il a joui des biens par lui cédés, et comme dépendant désormais du domaine du prieuré de Saint-Jacques. M. de Cypierre se réserve seulement, comme baron de Chevilly, un denier de cens annuel et perpétuel par chaque mine de terre concédée, et s'engage à payer les droits seigneuriaux, censuels et féodaux, pour les terres qu'il a reçues, aux seigneurs dont elles dépendent.

Il se charge de faire acquitter les cinquante-deux messes dues par le prieur de Saint-Jacques et de faire transférer, soit à Gidy, soit à l'église paroissiale de Chevilly, soit à la chapelle du château, le titre du prieuré, selon que l'ordonnera l'évêque d'Orléans.

L'archidiacre de Beauce, patron et collateur, l'évêque d'Orléans, le roi, donnèrent leur approbation aux conventions faites par les contractants, et M. de Cypierre entra en possession de tout ce que possédait le prieuré de Saint-Jacques, qui disparut de Chevilly.

La chapelle du château, fondée en 1631 sous le vocable de Notre-Dame, réconciliée en 1677, reconstruite en 1733, demeura donc seule et sans rivale; elle put faire en quelque sorte la contre-partie de l'église paroissiale, lorsque l'intendant de la généralité, par un privilége sans exemple et d'abord refusé, eut obtenu de Mgr de Jarente, l'autorisation d'y faire célébrer la messe, même les jours réservés des grandes solennités, telles que Pâques, la Pentecôte, l'Assomption, la Toussaint, Noël, etc. (1).

Après tous ces détails, comment ne pas reconnaître le

---

(1) 19 juin 1763. — Voir, pour tous ces détails, les archives du Loiret et du château.

crédit que donnait encore à cette époque, pourtant si voisine de 1789, le titre d'intendant? Comment ne pas remarquer l'immixtion du pouvoir civil dans des matières qui semblent purement ecclésiastiques? Comment ne pas s'étonner de ce délaissement d'abord, puis de ces démolitions si facilement accordées de sanctuaires qui avaient été créés pour l'utilité des populations éloignées du centre de la paroisse?

Le baron de Chevilly, après avoir servi ses intérêts personnels, n'oublia pas toutefois les intérêts des habitants du territoire baronnal. Il entreprit de faire de Langennerie, partie la plus importante de la paroisse d'Andeglou, située sur la grande route d'Orléans à Paris, comme le centre de toute la contrée. En conséquence, il s'adressa de nouveau au roi et obtint des lettres-patentes, enregistrées au Parlement et au bailliage d'Orléans, qui autorisaient l'établissement au bourg de Chevilly, ci-devant Langennerie, de deux foires par an, et d'un marché public, le jeudi de chaque semaine, pour la vente de toutes sortes de denrées, grains, fruits et légumes. Les deux foires devaient se tenir, l'une le 19 juillet, l'autre le 28 octobre, et rester franches pendant trois ans. M. de Cypierre s'était engagé à fournir la place du marché et à faire bâtir une halle, moyennant qu'il percevrait un droit sur les animaux et les objets mis en vente. Le premier marché eut lieu le 31 janvier 1771.

A ce premier avantage, le baron de Chevilly en ajouta un autre également précieux : ce fut la construction d'un hospice pour les malades et les vieillards.

Mais si M. de Cypierre accumulait les titres et les priviléges, il augmentait aussi les domaines qu'il avait acquis de M. Etienne de Silhouette et de Jeanne-Antoinette Astruc, son épouse.

Il acheta de la marquise de Pompadour le château et la seigneurie d'Auvilliers, paroisse d'Artenay; du prieur des Augustins d'Orléans, par échange, les fiefs et seigneuries de la Moyse, du Colombier, de la Troterie, de la Grand'-Maison, paroisse de Bricy; de M. de Beauchêne le fief de la Grand'Maison, à Gidy; de Charles de Gouffier, abbé commendataire de l'abbaye de Saint-Euverte, à Orléans, par échange, les fief et métairie de Cugny, paroisse de Gidy; des religieuses Bénédictines d'Orléans leurs droits de censive à Cercottes; puis les fief et métairie du Grand-Nogent, des terres et des bois considérables situés sur les paroisses environnantes, Trinay, Boulay, Saint-Lyé et autres (1).

Après de longues années d'activité, la souffrance vint arrêter le cours de ses entreprises, et en 1786, il se vit forcé de transmettre à son fils Adrien-Philibert Perrin de Cypierre, qui lui avait été adjoint deux ans auparavant, ses fonctions d'intendant de la généralité d'Orléans.

Sa santé, de plus en plus compromise, l'obligea, en 1790, de se rendre aux eaux du Mont-Dor, où il succomba au moment même où un nouvel ordre de choses substituait aux intendances l'administration départementale.

M. Philibert Perrin de Cypierre fils avait été mis en possession de la terre de Chevilly, de ses dépendances et du titre de baron, le 29 mars 1777, par l'acte de son mariage avec Anne-Marguerite Doublet de Baudeville. Retiré à Paris, après la cessation de ses fonctions d'intendant, il entra promptement en négociation avec Mme de Blanville, pour la vente de la plus riche propriété, peut-être, de la Beauce. Elle ne formait qu'un seul tout parfaitement compacte, dû à la tendance persévérante de M. de Cypierre le père à rester seul maître dans Chevilly et les environs,

(1) Voir les archives du château de Chevilly.

et au moyen d'échanges ou d'achats, à se rendre possesseur des terres et droits féodaux de tous les seigneurs voisins.

Cette propriété presque princière fut vendue, le 24 octobre 1791, neuf cent cinquante mille livres, qui représenteraient aujourd'hui plus de trois millions. La famille de Blanville était l'une des plus nobles de la Touraine. Son chef ajoutait au titre de marquis le titre de baron de Preuilly, et signait seigneur des châtellenies de Saint-Martin, de Tournon, de la Marinière, d'Azay-le-Féron, du Puy-sur-Azay, et se disait premier baron de Touraine, chanoine d'honneur et porte-étendard de l'église de Saint-Martin de Tours.

Mme de Blanville, née Charlotte-Marie-Elisabeth-Armande Le Forestier, était veuve de M. Louis Deslandes de Blanville, capitaine de cavalerie. Elle avait marié sa fille unique Marie-Madeleine-Charlotte-Augustine avec M. Pierre-René-Charles, baron de Montpinson, seigneur de Saires, d'une famille très-noble du bas Maine. Elle eut la douleur de la perdre en 1780 ; son gendre mourut en 1794. De ce mariage naquirent trois fils, Pierre, Daniel-David et Jacques-Marie.

Pierre de Montpinson épousa Camille Le Forestier de Vandœuvre, qui lui donna deux filles, Charlotte-Camille, Alexandrine-Armande, et un fils, Pierre-Marie-Ludolphe.

Lorsque Mme de Blanville mourut, en 1801, elle constitua pour héritiers ses trois petits-fils et ses deux arrière-petites-filles, Ludolphe n'était pas encore né. Daniel et Jacques ne se marièrent pas. Des deux filles de Pierre, l'une épousa M. Charles Le Normand de Victte, et l'autre entra en religion. Pierre-Marie-Ludolphe, baron de Montpinson, fut marié à Mlle Joséphine-Louise-Marie Durand.

A la mort de ses deux oncles Jacques et Daniel, il devint, par la renonciation de son père à la succession, héritier du château et de tous les biens qui n'avaient pas été laissés à ses sœurs.

Lorsqu'il mourut lui-même, en 1853, il n'avait que deux filles, Marguerite et Aline, dont l'une a épousé M. Charles de Parseval, l'autre M. Lionel Le Normant de Grandcour.

Mme la baronne de Montpinson, veuve de M. Ludolphe, a acheté le château de Chevilly, destiné à devenir la propriété de ses descendants, déjà nombreux ; mais le nom de Montpinson sera éteint.

Un des membres de la famille a réuni une riche collection de livres et d'autographes qui ajoutent à l'intérêt que présente le château.

III

Pour compléter l'histoire de la baronnie de Chevilly, nous devons parler de tous les fiefs qu'elle avait absorbés et qui ont eu leur importance.

Andeglou.

Le premier était Andeglou, *Andeglovium, Sanctus Germanus de Andegloto,* centre de paroisse où se trouvaient l'église, le cimetière, le presbytère et l'école, avec un château et quelques maisons seulement.

Andeglou était une très-ancienne seigneurie qui relevait de la châtellenie et justice de la Tour-de-la-Fauconnerie, siége de la puissance féodale des évêques d'Orléans. Elle jouissait du droit de haute, moyenne et basse justice sur son territoire et celui du fief de Chevaux, qui lui avait été réuni.

A la fin de 1506, Guillaume de l'Aubespine, nommé par le roi au siége épiscopal d'Orléans, mais qui ne fut jamais sacré, céda par procureurs, pour cause d'exiguité de revenus, à Jean Lamy, sieur de Rouville, des Châteliers et de Monchêne, les droits de justice de l'évêché sur Andeglou et Chevaux, moyennant un écu-sol de rente et l'obligation de rendre foi et hommage. Lui-même ratifia, le 7 janvier suivant, le bail à titre de fief fait par ses procureurs à Jean Lamy. Trois évêques ses successeurs reçurent foi et hommage du détenteur de la justice d'Andeglou.

Cependant, en 1710, Mgr Gaston Fleuriau d'Armenonville contesta la validité de la cession faite par Guillaume de l'Aubespine des droits de justice sur Andeglou ; mais, effrayé d'un procès coûteux à soutenir, il transigea avec Espérance Ancel, dame des Gués et de Monchêne, alors en possession de ces droits, et lui en confirma la jouissance ainsi qu'à ses ayants-cause, moyennant cinq cent quarante livres une fois données.

L'évêque déclara la justice d'Andeglou distraite de celle de la Fauconnerie au profit de la dame des Gués et de ses hoirs, et lui reconnut le droit d'avoir un bailli, un procureur fiscal et autres officiers pour exercer ladite justice.

Espérance Ancel fit signifier la transaction au curé d'Andeglou, pour qu'il eût à la reconnaître comme dame d'Andeglou et la recommander à ce titre au prône de la messe.

Les seigneurs d'Andeglou continuèrent toutefois à rendre foi et hommage à l'évêque d'Orléans.

Le droit de dîme sur Andeglou appartenait par moitié

à l'évêque d'Orléans, et par moitié aux chanoines de la Sainte-Chapelle, à Paris.

L'église avait été bâtie antérieurement au XIIIe siècle ; elle a été démolie en 1838 et transférée à Langennerie. Le droit de patronage sur la cure avait été donné au chapitre de Sainte-Croix, par Manassès II de Guarlande, évêque d'Orléans au XIIe siècle. La fabrique rendait foi et hommage au roi pour l'église, le presbytère et le cimetière.

Le château consistait en un seul pavillon encore existant, et transformé en ferme. Il relevait en fief de l'Hôtel-Dieu d'Orléans.

Les seigneurs connus d'Andeglou ont été : Eustache de la Porte (1584), Jean Lamy de Rouville (1596), Jean et Jacques Ancel (1648), Louis de Radin (1651), Maximilien Pochon des Gués (1710), Claude-Louis Dunoyer (1742) (1).

LANGENNERIE.

Langennerie, *Jugnicra*, *Jugineria*, était le lieu le plus populeux, le plus important de la circonscription territoriale de la baronnie de Chevilly. Deux lignes de maisons d'un kilomètre d'étendue, longeant la grande route d'Orléans à Paris, formaient comme une petite ville où l'on trouvait, dès le XVIe siècle, un auditoire de justice, une geôle, un bureau de contrôleur des finances, un bureau d'insinuation, une étude de notaire royal, une poste aux chevaux, une poste aux lettres, un lieutenant de justice, un maître chirurgien-barbier, plus tard une caserne de

---

(1) Voir les archives du château et les notes manuscrites de M. l'abbé Rocher.

maréchaussée, une halle et un marché, surtout de nombreuses hôtelleries.

Le nom de Langennerie, qui s'est aussi écrit Langignerie, Langinerie, s'est-il formé de *Jugniera, Jugineria,* que porte un acte de 1380, ou vient-il de *Angens,* vieux terme par lequel on désignait jadis un équipage de chasse? Nous l'ignorons. Nous savons seulement qu'au XIVe siècle Henri de Culant ou Culent, archidiacre du Boulonnais, en l'église de Thérouanne, alors siége d'un évêché, possédait, au lieu appelé depuis Langennerie-de-Pluseau, une *villa de Jugniera*. Il la donna à la noble maison de Notre-Dame-de-l'Etoile, située à Saint-Ouen, avec tous ses hommes, terres et juridictions, donation approuvée par lettres royales de Jean-le-Bon et de Charles V, et ratifiée par le duc et l'évêque d'Orléans; donation, cependant, qui ne sortit pas son effet, pour une raison que nous ne connaissons pas, de sorte qu'après la mort de Henri de Culant, décédé sans hoirs, le roi Charles V s'en empara à titre de deshérence et la transporta, au mois de janvier 1380, au chapitre des chanoines de la Sainte-Chapelle de Paris, qui la posséda jusqu'en 1755, époque où elle fut acquise par M. de Silhouette.

Cette *villa*, ou *terra de Jugniera*, était un fief qui jouissait du droit de haute, moyenne et basse justice, et que les actes postérieurs à 1380 désignent sous les noms de la Cour de Langennerie, métairie de la Cour (1). Elle est encore aujourd'hui une ferme, et fait partie, avec la maison récente qui l'avoisine, des possessions de la famille Darblay. Sous la domination romaine, une *villa* était une exploitation rurale dont les produits, obtenus par des esclaves, étaient versés dans les mains du propriétaire. Ces *villa*

---

(1) Archives du Loiret. Cour, *Curia,* est un nom souvent affecté au siége d'une justice seigneuriale.

étaient très-multipliées en Beauce, où, aujourd'hui même, plusieurs fermes, hameaux, bourgs, joignent dans leur dénomination le mot *ville* au nom de leurs anciens possesseurs, comme Alainville, Léouville, ou à celui qu'ils portaient d'abord, comme Angerville, Méréville, Erceville. Leur antiquité est attestée par les restes de constructions, les débris de vases, les monnaies de l'époque romaine qu'on y rencontre presque toujours.

Nous n'avons pu découvrir pourquoi, dans les lettres-patentes qui autorisent à substituer le nom de paroisse de Chevilly à celui de paroisse d'Andeglou, on a écrit Langennerie-de-Pluseau. C'est la seule pièce où nous ayons rencontré le nom de Pluseau, qui semblerait avoir précédé celui de Langennerie, écrit très-souvent, dans les actes publics, l'Engennerie, avec une apostrophe.

Dans cette localité, avant la création de la baronnie de Chevilly et l'acquisition de la métairie de la Cour par M. de Silhouette, le siège de la puissance féodale était évidemment la *villa* de *Jugniera*, appelée depuis la Cour-de-Langennerie, appartenant au chapitre de la Sainte-Chapelle de Paris, qui possédait aussi une grande étendue de bois dans la forêt d'Orléans.

La Chapelle-d'Andeglou.

La Chapelle-d'Andeglou était un hameau de la paroisse de Saint-Germain-d'Andeglou, autour duquel étaient semés de nombreux groupes de maisons portant tous un nom particulier, tels que la Mardelle, Ezoles, Cossoles, les Châteliers, etc., etc., tous très-voisins de la forêt. Ce hameau se composait de la rue même de la Chapelle, de la rue des Balets, de la place du Grand-Marchais et du quartier de Saint-Barthélemi (1).

Sous le rapport féodal, il dépendait du séminaire de Saint-Magloire, dirigé par les prêtres de l'Oratoire, à Paris.

Le nom de Mardelle se retrouve très-souvent et s'applique aux lieux bas.

Ezoles était un fief qui entra au XVIIIe siècle dans le vaste domaine des seigneurs de Chevilly.

Cossoles ou Coissoles, autre fief, se divisait en grand et petit Cossoles. Le grand avait un château et une métairie; le petit était un simple groupe de maisons. Cet état de choses subsiste toujours.

Les Châteliers et l'Étendard, fiefs et métairies dont nous retrouvons le nom dès l'année 1586, ont longtemps été la propriété des seigneurs d'Andeglou et de Monchêne, et sont ensuite entrés dans le cercle des possessions du baron de Chevilly.

Le fief de Saint-Barthélemi, siége de la puissance féodale des révérends prêtres de l'Oratoire sur tout le territoire de la Chapelle, avait emprunté son nom au patron de la toute petite église que M. de Cypierre fit détruire, et qui l'avoisinait. C'est aujourd'hui une ferme.

La place du Grand-Marchais doit le sien à une pièce d'eau voisine, assez semblable à celles qu'on trouve çà et là dans la forêt, et qui, pour une raison que j'ignore, sont désignées sous la dénomination de marchais.

Monchêne, Nogent, La Croix-Briquet.

Monchêne ou Mauchêne, antique seigneurie relevant du chapitre de la Sainte-Chapelle de Paris, à cause de la

(1) On dit aujourd'hui *Les Chapelles,* quand on veut désigner l'ensemble des hameaux de Chevilly semés le long de la forêt.

Cour-de-Langennerie qui lui appartenait, vit tomber son château vers 1720. Ses seigneurs avaient acquis de l'évêque d'Orléans les droits de justice sur Andeglou et Chevaux, et résidaient habituellement à Andeglou. Ils disparaissent en 1742, lorsqu'ils cèdent leurs droits et leurs domaines à M. de Silhouette, seigneur de Chevilly. Monchêne est aujourd'hui une ferme importante.

Le Grand-Nogent, fief réuni à la terre de Chevilly par M. de Cypierre, relevait du duché d'Orléans. Il a été, comme beaucoup d'autres, transformé en ferme.

La Croix-Briquet, petit hameau appartenant, pour moitié seulement, à la commune de Chevilly, doit, dit-on, son nom à une croix posée sur une base en briques qui a disparu.

IV.

CHEVILLY DEPUIS LA SUPPRESSION DES TITRES FÉODAUX.

Le titre de baronnie de Chevilly a disparu, emporté par la tourmente qui substitua le régime nouveau à la féodalité. La commune commence. Chevilly entre dans la circonscription d'abord du district de Neuville, puis du canton d'Artenay, arrondissement d'Orléans, sous une administration municipale dont les chefs successifs furent MM. Peigné, Jacques-Parfait Darblay, Daniel de Montpinson, Jacques-Parfait-Eustase Darblay, Paul Darblay, Pierre-Marie-Ludolphe, baron de Montpinson, Jules Darblay (1). On lui conserve son étude de notaire, son bureau de poste aux lettres, son relais de poste aux chevaux, et on le gra-

(1) Archives de la mairie de Chevilly.

tifie d'une station à l'ouverture du chemin de fer de Paris à Orléans. Là aussi résident un percepteur et un médecin cantonal. Ses marchés, ses foires ne continuent pas, annihilés par la proximité d'Orléans. La population, qui s'élève aujourd'hui au chiffre de 1,500, ne comptait, en 1792, que 1,106 âmes.

Sous le rapport religieux, Chevilly, depuis 1791, a passé par de nombreuses phases. Le 6 février de cette année, Léonore-Nicolas Forest, installé curé le 11 novembre 1776, refuse de prêter le serment civique prescrit par le décret de l'Assemblée nationale du 27 novembre 1790, et qui devait être exigé ce jour-là. Le procureur de la commune déclare qu'il est censé avoir renoncé à sa cure. M. Forest continue néanmoins ses fonctions jusqu'au 10 mai 1792; mais à cette date il reçoit ordre de se retirer, et il est remplacé par Jacques Desroches, précédemment curé de Sébouville, près Pithiviers, qui prend possession le 10 juin 1792. Le département, à la sollicitation du district de Neuville, lui alloue 1,500 liv. par an. Le culte continue à être célébré dans l'église située au hameau d'Andeglou jusqu'au 10 janvier 1794.

Le 16 août 1795, M. Toussaint-Lubin Richard, ancien vicaire de Chevilly, dernier curé de Creuzy, recommence les fonctions sacrées dans la même église d'Andeglou, et les continue jusqu'au 30 janvier 1803.

Les habitants de Bucy et d'une partie de Creuzy, deux paroisses supprimées et réunies, pour le spirituel, à celle de Chevilly, viennent à Andeglou réclamer les secours de la religion. Le 10 floréal an XI (1803), leurs églises sont placées sous la main de la nation, et le préfet du Loiret ordonne de les fermer. Le 30 frimaire de la même année, le même préfet, conformément à l'arrêté de fructidor, les met à la disposition de la fabrique de Chevilly, commune, dit le premier magistrat du département, qui ne forme plus avec Bucy et Creuzy qu'une seule succursale.

A cette époque, après la publication du Concordat, Mgr Bernier nomme à la cure de Chevilly M. Jean-François Lebas, et M. Richard va occuper la cure de Germigny-des-Prés.

Le presbytère avait été aliéné ; un décret impérial du 30 janvier 1812 autorise la fabrique à le racheter et à vendre pour en payer le prix, montant à 4,287 fr., l'église de Bucy, estimée 2,254 fr. En effet, le 30 mai 1813, dans l'église d'Andeglou, le maire et les marguilliers présents, une adjudication eut lieu, et la vieille église du prieuré de Bucy, construite au XIIe siècle, fut achetée par M. de la Morandière, maire de Bucy et déjà propriétaire du presbytère. Bientôt les démolisseurs se mirent à l'œuvre, et aujourd'hui il ne reste plus de traces, ni du prieuré, ni de la maison presbytérale, qu'on appelait le château (1).

Le 15 septembre 1824, Mgr de Beauregard, évêque d'Orléans, confirma par une ordonnance la réunion à Chevilly, pour le spirituel, de Bucy-le-Roi et d'une partie de Creuzy, savoir, le bourg même de Creuzy, la Croix-Briquet et la ferme de Chameulle (2).

L'église construite au XIIe siècle dans le bourg d'Andeglou était devenue très-insuffisante pour la population. M. de Cypierre s'en plaignait déjà en 1774, alors que les états de la généralité, sur le rapport même du syndic de la paroisse, ne constataient que 765 habitants. De plus, Langennerie, situé sur la grande route de Paris, et beaucoup plus important que toutes les autres agglomérations

---

(1) Archives de la mairie de Chevilly.
(2) Archives de l'évêché d'Orléans.

de maisons, réclamait l'église, le presbytère et l'école. En 1838, des démarches actives furent faites. Une souscription s'ouvrit dans la paroisse; la commune, le département, l'État, votèrent des fonds. M. le baron et Mme la baronne Ludolphe de Montpinson, propriétaires du château, offrirent généreusement 41 ares 85 centiares de terrain leur appartenant, à Langennerie, pour y construire une nouvelle église, le presbytère et la maison d'école. Une ordonnance royale du 11 avril autorisa l'acceptation du don, et le 6 mai 1838, M. Prévôt, de Paris, se rendit adjudicataire des travaux à exécuter pour l'église, au prix de 27,132 fr. 08 c., sous la direction de M. Pagot, architecte à Orléans, qui avait donné le plan (1).

La première pierre fut posée le 25 juin 1838, et le 21 mai 1839, M. l'abbé Roma, premier vicaire général, archidiacre d'Orléans, doyen du chapitre cathédral, délégué par Mgr l'évêque, bénit solennellement le nouvel édifice, en présence du maire, des membres de la fabrique et d'un clergé nombreux. Les matériaux de la vieille église démolie avaient été employés dans la nouvelle construction, qui fut reçue par l'architecte le 18 juin 1839 (2).

L'œuvre de M. Pagot, faite à la hâte, sans une grande solidité, à une époque de goût très-douteux, laisse beaucoup à désirer sous le rapport du style. L'intérieur, embelli par les soins généreux de Mme la baronne de Montpinson, de Mme Jacquesson de Vauvignol, de la famille Darblay et autres, satisfait beaucoup plus l'œil que la structure extérieure. Les peintures murales, exécutées par M. Chenu, d'Orléans, en 1867 et 1868, sont d'un très-bon effet.

(1) Archives de la mairie.
(2) Archives de la fabrique.

Pour compléter l'œuvre de la translation du siége de la cure, Mme de Viette, née de Montpinson, donna, près de la nouvelle église, un terrain destiné aux sépultures, en échange du vieux cimetière, et y ajouta un arc en plus pour servir d'emplacement aux tombeaux de sa famille.

Ce qu'on appelait autrefois Langennerie est donc devenu le chef-lieu de la vaste paroisse de Chevilly. Là se sont élevés successivement une maison d'école pour les garçons, aux frais de la commune ; une maison d'école pour les jeunes filles, due à la générosité de Mme Jacquesson (1847) ; un presbytère (1849), un vicariat (1865), une salle d'asile (legs de Mme Jacquesson, novembre 1859) ; enfin, une maison d'éducation pour les jeunes filles (1865), établissement libre, sous la direction des sœurs de Saint-Paul de Chartres. Un hospice, un hôtel de mairie compléteraient les édifices à signaler dans Chevilly.

Nous ne devons pas oublier la chapelle que M. le vicomte et Mme la vicomtesse de Courcelles ont fait construire près de leur château de Cossoles, pour l'usage des habitants du quartier appelé, dans les anciens titres, la Chapelle-d'Andeglou. Ce sanctuaire a été béni solennellement par Mgr Dupanloup, évêque d'Orléans, en présence d'un nombreux clergé, de la famille des fondateurs et d'une assistance considérable, le 7 octobre 1867. M. le curé de Chevilly y a dit la messe pour la première fois le dimanche de la Sexagésime, 16 février 1868.

Les curés de la paroisse de Saint-Germain-d'Andeglou, puis de Chevilly, dont nous avons pu recueillir les noms, furent :

Messire Pierre Maheet, bachelier en droit canon, 1651 ; — Messire Claude Bruneau, 1677 ; — M. Chastre, 1686 ; — M. Thomas-Nicolas Boutin, 1700 ; — M. Cauchon, 1710 ; — M. Noyer, 1766 ; — M. Léonore-Nicolas Forest, 1776 ;

— M. Jacques Desroches, 1792; — M. Toussaint-Lubin Richard, 1795; — M. Jean-François Lebas, 1703; — M. Raincelin, 1810; — M. Bouchet, 1815; — M. Nicolas-Louis Robineau, 1833; — M. Louis-Félix Barbot, 1849; — M. Jules-Alexandre Foucault, 1859; — M. Emmanuel de Torquat, 1er décembre 1866.

Bucy ou Bussy-le-Roy, *Bussiacum Regis.*

Une étude attentive du moyen âge démontre jusqu'à l'évidence que presque toutes les églises, dans la campagne, furent construites par les seigneurs féodaux et explique comment elles se trouvèrent sous un patronage laïque. Au XIIe siècle, les rois et les évêques comprirent l'abus qui en résultait et les remirent aux abbayes, aux monastères. Louis-le-Gros et Manassès de Garlande, évêque d'Orléans, se montrèrent très-zélés pour les soustraire aux séculiers et les confier aux religieux.

Ainsi, l'église d'Artenay fut donnée à l'abbaye de Saint-Euverte; l'église d'Andeglou au chapitre de Sainte-Croix d'Orléans; l'église de Bucy-le-Roi, érigée en prieuré-cure, fut concédée par Louis-le-Gros aux chanoines réguliers de l'abbaye de Saint-Victor, à Paris (1). Cette donation, qui valut à Bucy la désignation de *le Roi,* fut confirmée par l'évêque Manassès de Garlande. Le territoire de Bucy fut alors séparé de celui d'Artenay et demeura toujours très-restreint. Les chanoines de Saint-Victor obtinrent, en même temps que la juridiction spirituelle, la puissance féodale, et le prieur, nommé par eux, devint seigneur temporel de Bucy, comme le chapitre de Saint-Aignan fut

(1) Charte de 1113.

constitué seigneur haut justicier d'Artenay. Au lieu d'un presbytère, le prieur habita un château, exerça le droit de justice et ne releva que du grand prieur de Saint-Victor. Une fois seulement, chaque année, il était obligé à recevoir la visite de l'évêque d'Orléans. Les papes Urbain III et Innocent VI confirmèrent l'exemption, qui semble avoir duré jusqu'au XVIIe siècle. Le grand prieur conserva toujours le droit de présenter le titulaire de la cure, et le prit parmi les chanoines réguliers. Bucy a donné à l'abbaye de Saint-Victor quelques sous-prieurs. Ceux de ses prieurs dont nous avons retrouvé les noms sont : J. Cassin, 1638 ; — Peyroardy, 1645 ; — Porthelot, 1677 ; — de l'Atteignant, 1681 ; — Vaillant, 1687 ; — Boucher, 1692 ; — d'Arly, 1696 ; — de Paon Dumesny, 1697 ; — Briçonnet, 1704 ; — Lebrun, 1710 ; — de Vaulx, 1712 ; — Denyau, 1750 ; — Jean de Bourbonne, 1753 ; — Rivet, 1762 ; — Budet, 1774 (ces quatre derniers ont été inhumés dans l'église) ; — Septier, 1780 ; il devint vicaire épiscopal de Mgr de Jarente d'Orgeval. Tous signaient : prieur et seigneur de Bucy.

Bucy avait un procureur fiscal et un syndic.

Depuis 1790, ses maires ont été MM. Isidore Mazure, Jacques-Antoine Sallier, B. de la Morandière, Besnard, Louis-François Sallier, Désiré Toupance, Michel Foirien.

L'église de Bucy, bâtie en 1150, privée de son titre paroissial en 1793, fermée irrévocablement en 1803, vendue en 1813, et enfin démolie, avait pour patrons saint Blaise, saint Sulpice et saint Pierre (1).

(1) Archives de la mairie de Bussy.

CREUZY, *Crusiacum*.

Creuzy, aujourd'hui tout petit hameau composé d'une ferme et de quelques maisons, devait avoir une assez grande étendue à l'époque gallo-romaine, si l'on en juge par les traces de construction qui se révèlent dans les champs situés entre le bourg actuel et l'ancienne voie romaine qui part de la Croix-Briquet. Tout récemment, un des habitants a trouvé dans son jardin des fondations de murs antiques et des monnaies des empereurs romains.

Au moyen âge, Creuzy forma une paroisse et une seigneurie qui, sous le rapport religieux et féodal, dépendaient du chapitre de Saint-Pierre-Empont d'Orléans. La justice s'y exerçait par un prévôt et ressortissait au bailliage d'Orléans. Son église, dédiée à saint Pierre, avait dû être reconstruite au XVIe siècle, car elle fut consacrée, en 1556, par Mgr Jean de Morvilliers (1). Elle a été démolie au commencement de ce siècle, et les paroissiens ont été soumis, pour le spirituel, à la juridiction des curés de Chevilly et de Sougy.

La liste des curés connus de Creuzy commence au XVIe siècle et se compose de MM. Desjouis, 1594 ; — J. Chamuy, 1615 ; — Legendre, 1636 ; — J. Amiard, 1637, inhumé dans l'église en 1673 ; — J.-B. Durand, 1673 ; — J. Hayrie, 1685 ; — Duboys, 1692 ; — Lelong, 1695 ; — Mauger, 1703 ; — Bagner, 1708, inhumé dans l'église ; — de l'Ysle, 1709 ; — P. Lorieul, 1720, meurt subitement ; — G. Gallet, nommé curé, n'accepte pas et préfère Baigneaux ; — P. Cousté, 1721, meurt subitement le 13 mars

(1) LA SAUSSAYE. *Annales*.

1754; — S. Cauchon, 1754; — Cousin de Quedville, 1764, résigne sa cure en 1770 en faveur de J. Duprey, qui meurt le 13 avril 1781; — Toussaint-Lubin Richard, 1786. Tous les curés décédés à Creuzy furent enterrés dans l'église.

Les fiefs de la paroisse de Creuzy étaient les Francs, Chevaux, dont nous avons déjà parlé; Beaugency-le-Cuit, l'Ysle, Chameules, qui appartenait, en 1412, au chevalier de Givès, doyen et premier conseiller au bailliage et siége présidial d'Orléans. Ses descendants ont ajouté à leur nom celui de Creuzy (1).

Creuzy, devenu commune en 1790, a fait partie d'abord du district de Neuville, puis du canton de Patay, et enfin du canton d'Artenay.

Il a eu pour maires MM. J. Pouradier, F. Lenormand, Foucher, Guiblet, Duchon et Faucheux.

AUVILLIERS.

Nous terminerons par une notice historique sur le fief et le château d'Auvilliers qui ne sera pas sans intérêt. Auvilliers, quoique en dehors des limites de la paroisse de Chevilly, a appartenu au baron de Chevilly, et à ce titre nous demande une mention.

Le château d'Auvilliers, avec tout ce qu'il contenait, fut brûlé par les Anglais, lorsqu'ils envahirent notre territoire, au commencement du XVe siècle. Il ne se releva que vers la fin du XVIe siècle, où commence la liste de ses seigneurs connus. Les premiers portent le nom de Frotard, puis viennent les Fougeu d'Escures, particulièrement chers à

(1) Archives de la mairie de Creuzy.

Henri IV ; les Gaudart du Petit-Marais, noblesse de robe ; les de Bengy, tribu berrichonne, que se partagent l'église et l'armée.

Le 7 mars 1761, très-haute et très-puissante dame, Mme Jeanne-Antoinette Poisson, duchesse, marquise de Pompadour, baronne de Bret, marquise de Menars, dame de Saint-Ouen, Nozieu et autres lieux, l'une des dames du palais de la reine, épouse séparée de M. Charles-Guillaume Lenormand, chevalier, fille de très-haut et très-puissant seigneur Abel-François Poisson, marquis de Marigny et Menars, vicomte de Clignon, directeur et ordonnateur général des bâtiments de Sa Majesté, jardins, arts, académies et manufactures de France, lieutenant des provinces de l'Orléanais et Beauce, capitaine gouverneur des villes de Blois, Menars-la-Ville et Suèvres, achète la seigneurie et terre d'Auvilliers de Messire Paul-Louis de Bengy, chanoine de Chartres. Elle y reçoit les ducs de Grammont, de Luxembourg, de Gontaut. En 1763, elle cède cette même seigneurie avec ses dépendances à Messire Claude-François Perrin de Cypierre, intendant de la généralité d'Orléans, et s'en réserve seulement la jouissance pendant sa vie, qui se termina en 1764.

M. Poillot de Marolles succède à Mme de Pompadour, pour l'usufruit, en 1765, et à M. de Cypierre, baron de Chevilly, pour la propriété, en 1779. Il marie l'une de ses filles à M. de Drouin de Bouville, et l'autre à M. de Belot. Après ces familles tout orléanaises viennent MM. Desbergers, Perrier, Boussaque et d'Inval.

Auvilliers se divisait en deux comme Chevilly et Cossoles. On distinguait le grand Auvilliers, qui comprenait le château, la ferme, et le petit Auvilliers, consistant en un moulin avec ses dépendances.

Le grand Auvilliers relevait de la seigneurie de Rouvray-

Sainte-Croix, près Patay; le petit relevait du seigneur de la Couarde-Jabin, près Saint-Lié.

L'évêque d'Orléans, à cause de la tour de la Fauconnerie, avait des droits seigneuriaux sur une autre partie des bâtiments. La justice y était exercée par le chapitre de Saint-Aignan, et on y suivait la coutume d'Orléans.

Louis XIV avait mis en 1668 la terre et seigneurie d'Auvilliers sous sa protection et sauvegarde, et l'avait exemptée du logement des gens de guerre. Cette faveur fut continuée par Louis XV à Mme de Pompadour qui, pour que personne n'en ignorât, fit apposer sur le château, la ferme et le moulin les armoiries, panonceaux et bâtons royaux (1).

Le château actuel d'Auvilliers est une construction du XVIIe siècle, flanquée de tourelles terminées en poivrière, et sert de résidence d'été à MM^{mes} d'Inval et du Règne.

PARTIE ARCHÉOLOGIQUE.

Parmi les antiquités multipliées qui se rencontrent dans la circonscription de la paroisse de Chevilly, nous distinguerons les fossiles, un tronçon notable de voie romaine, des restes considérables attestant le séjour des Romains sur le sol, des mottes ou buttes artificielles.

(1) Archives d'Auvilliers.

I

Le territoire de Chevilly repose sur le vaste banc de calcaire lacustre que les géologues désignent par le nom de *calcaire de Beauce*. Ce calcaire fournit des moellons pour bâtir et la pierre à chaux. Sur certains points on ne le rencontre en terre qu'à une profondeur de 8 à 10 mètres, et on l'exploite au moyen de puits. Sur d'autres points il affleure le sol et s'exploite à ciel ouvert. Le plus souvent, avant d'arriver au calcaire, on rencontre une couche de sable quartzeux très-propre à l'entretien des routes. Ce sable, qui souvent n'est qu'à une petite profondeur, 2 à 3 mètres au plus de la surface du sol, est connu en géologie sous le nom de *graviers de l'Orléanais*. Il repose sur une marne argileuse qui conduit au calcaire ; quelquefois il est en contact avec la roche même. Ces graviers sont bien connus des paléontologistes, par les ossements d'animaux fossiles qui s'y rencontrent dans un état souvent remarquable de conservation.

En nous renfermant dans les limites de l'ancienne baronnie, les espèces fossiles les plus certaines qui aient été découvertes dans ces derniers temps sont :

1. *Mastodon angustidens*, Cuv. (le mastodonte à dents étroites). Ce genre n'existe plus. Un assez grand nombre de molaires de cet énorme proboscidien, qui n'était pas moindre que nos plus gros éléphants, ont été trouvées dans les sablières de Monchêne, lors de leur exploitation pour l'établissement du chemin de fer. Ces molaires et quelques fragments de défenses ont été déposés au musée d'Orléans, où elles forment une des plus belles séries de la collection paléontologique.

2. *Dinotherium Cuvieri*, Kaup. (le dinotherium de Cuvier). Ce genre a aussi disparu. Autre gigantesque animal qui appartient aussi à l'ordre des proboscidiens, et qui les surpassait tous par sa taille colossale. On sait que ses défenses naissent des mandibules inférieures et sont dirigées en bas, disposition qui ne pouvait convenir qu'à un animal qui n'était pas destiné à rencontrer son égal en taille.

Bon nombre de molaires de ce dinotherium ont été trouvées dans la même sablière et dans les mêmes circonstances que celles du mastodonte, et comme ces dernières, elles ont enrichi le musée d'Orléans.

Mais ce qui a surtout rendu célèbres parmi les paléontologistes les sables de Chevilly, c'est la découverte qui a été faite dans le bourg même, en creusant les fondations d'une maison, d'une mâchoire inférieure de dinotherium encore garnie de ses molaires. M. le docteur Gassot, qui fut d'abord en possession de cette pièce remarquable, en a fait le don généreux au Muséum du Jardin-des-Plantes de Paris, où elle est toujours considérée comme un des spécimens paléontologiques les plus précieux de cette riche collection.

3. *Rhinocéros*. Le genre rhinocéros est aussi représenté dans les sables de Chevilly par un assez grand nombre de débris fossiles. Plusieurs espèces s'y rencontrent, parmi lesquelles on reconnaît, à l'examen des molaires supérieures, le *Rhinoceros aurelianensis* que M. Nouel a décrit comme espèce nouvelle dans une notice insérée au t. VIII de la 2ᵉ série des *Mémoires de la Société d'agriculture, sciences, belles-lettres et arts d'Orléans*.

C'est, jusqu'à présent, à ces trois genres d'animaux que se borne la faune, que l'on peut appeler caractéristique, des sables de Chevilly. Ce sont les plus gigantesques représentants du règne animal dans les temps géologiques.

On n'y rencontre aucun débris de cette petite faune qui se montre sur d'autres points de la Beauce, tels que hyœmoschus, palœomeryx, amphitragulus, anchitherium, etc. Pour cette population légère et vagabonde, il faut les clairières des forêts, les collines boisées, les plaines, les cours d'eau paisibles ; aux mastodontes, aux dinothériums, les lieux humides, une végétation forestière luxuriante favorisée par la chaleur du climat, et sans cesse renaissante pour fournir à une alimentation insatiable ; aux rhinocéros, les marécages couverts, les lieux fourrés. Tel est l'aspect que devait alors offrir le pays. Ajoutons-y les méandres d'un grand fleuve sans rives et sans bornes, roulant ses eaux graveleuses sur cette vaste plaine qui avait été, dans les siècles antérieurs, le grand lac de la Beauce, et nous aurons une idée du spectacle grandiose, sauvage et en même temps animé qu'offrait cette terre qui devait être un jour la baronnie de Chevilly (1).

II

Après les fossiles, l'antiquité la plus remarquable du territoire de Chevilly est un tronçon de voie, dont l'origine remonte à une époque évidemment très-éloignée (2). Elle suit, à travers champs, une ligne droite et bien marquée, qui commence au lieu appelé le Bout-Filant, près le hameau de la Croix-Briquet, et finit à l'endroit qu'on nomme Villeneuve, près d'Artenay ; elle domine les terres voisines, excepté dans l'intervalle compris entre le moulin et

(1) Nous devons à l'extrême obligeance de M. Nouel, directeur du musée d'histoire naturelle d'Orléans, les détails que nous venons de faire connaître.

(2) D'anciens titres la désignent sous le nom de *chemin de César*.

l'avenue d'Auvilliers, où des pierres nombreuses éparses çà et là semblent attester que des fouilles ont été faites.

Ce tronçon de voie, abandonné depuis un temps assez notable, est recouvert de 20 à 25 centimètres de terre végétale, aujourd'hui labourée et cultivée.

Il y a dix ans environ, on eut besoin de pierres pour macadamiser le chemin qui conduit du bourg de Creuzy à la grande route de Paris. Je ne sais comment il arriva à la connaissance de l'autorité municipale qu'une sorte de carrière existait près de là ; ordre fut donné de l'exploiter pour cause d'utilité publique.

Cette carrière, c'était la voie que je viens de signaler. Elle présente un encaissement de pierres de 7 mètres de largeur sur 1^m 40 de profondeur. Les moellons furent extraits sur une longueur de plus de 100 mètres, cassés et écartés sur le chemin de Creuzy, pour le consolider.

En 1867, je fus informé de ce qui se passait à la Croix-Briquet ; je visitai la prétendue carrière, et demeurai convaincu que j'avais sous les yeux une voie romaine. Je fis couper verticalement l'encaissement et enlever la terre végétale qui le recouvrait sur un espace de plusieurs mètres. Alors apparut clairement une voie jadis tellement fréquentée, que les roues des chars et les pieds des chevaux avaient tracé de profonds sillons à sa surface, de manière à la rendre presque impraticable. Des couches de pierres ou de cailloux noyés dans une terre blanche à la partie inférieure, et dans le mortier à la partie supérieure, formaient une masse compacte, soutenue par de larges pierres d'accotement, qui mesurait au milieu 1^m 40 d'élévation, 1^m 25 sur le côté est, 1^m 10 sur le côté ouest. La voie des roues donnait un mètre.

Je voulus savoir depuis quand cette chaussée était cultivée. On m'assura que la marquise de Pompadour, lorsqu'elle possédait le château d'Auvilliers, avait obtenu de Louis XV de réunir ce tronçon de route à ses terres et de l'ensemencer. Cette tradition du pays sembla prendre de la consistance, lorsque je lus, dans le *Recueil d'antiquités gauloises,* de M. de Caylus, qu'en 1761 on rencontrait, en sortant de la Croix-Briquet, une voie ancienne dans un si mauvais état, que les ingénieurs, instamment invités à la réparer, n'en voulaient rien faire. Je poursuivis mes recherches, et je parvins à découvrir aux archives du château d'Auvilliers un acte qui constate que le tronçon de voie en question avait été donné en échange d'une partie de l'allée qui conduit de la route à Auvilliers, et qu'en 1766, M. de Cypierre l'avait acheté à M. Lanson, notaire à Chevilly.

Mais quel était ce chemin? où aboutissait-il? qui l'avait établi? M. de Caylus se charge de répondre à ces questions.

Au tome IV de ses *Antiquités,* page 378, le savant archéologue affirme que la voie qui se confond à la Croix-Briquet avec la route de Paris est une voie romaine qui conduisait de *Genabum,* Orléans, à *Autricum,* Chartres. Il en donne le tracé à la planche 114 et la fait passer par Auvilliers, Allaines, Ymonville, Alonne et Bouville. Elle n'est pas signalée dans l'itinéraire d'Antonin, ni sur la carte de Peutinger; mais le plan en a été relevé en 1695 par Poitiers, architecte et ingénieur du roi à Orléans, et elle se retrouve dans la carte de Beauce de M. Delisle. Pour prouver son origine romaine, ou du moins gallo-romaine, Caylus cite un passage du *Commentaire de la coutume de Paris* où Charles du Moulin parle de bornes milliaires qui, au XVIe siècle, se voyaient près d'Alonne, sur la vieille route d'Orléans à Chartres (1). Il en restait

(1) *Antiquissima castellania Alonæ in Belsia ad vetus iter ab Aure-*

encore trois en 1761, et le comte de Caylus rapporte qu'elles avaient 4 pieds et demi de circonférence, 5 de hauteur hors de terre, plus 2 en terre; qu'elles étaient à 1,200 toises, c'est-à-dire à une lieue gauloise l'une de l'autre. Elles ne portaient aucune inscription.

Enfin, Caylus entre dans le détail de la composition et des dimensions de la voie, qui sont exactement celles que nous avons constatées en 1867.

Toutefois, l'auteur du *Recueil des antiquités* prétend que l'encaissement a été fait en plusieurs fois et à des époques différentes. Nous ne partageons pas son opinion, parce que rien n'indique que la première chaussée ait été ensuite surchargée. Telle qu'elle existe maintenant, elle domine, comme le remarque M. de Caylus, les terrains voisins. Cette particularité, propre à toutes les voies romaines, aurait manqué si le premier encaissement n'avait eu que la moitié de l'élévation de l'encaissement actuel.

Du reste, voici la description donnée par M. de Caylus : « La voie, dit-il, est établie sur un rang de gros moellons bruts posés à plat, retenus par une bordure de même matière posée de champ, qui forme le lit inférieur à peu près au niveau des terrains. Le premier lit se trouve au milieu des terres voisines. L'encaissement a 20 pieds de largeur; l'intérieur est rempli de gros moellons bruts posés à plat, de 18 à 20 pouces de longueur sur 15 à 18 de largeur et 6 d'épaisseur, le tout rechargé d'un mélange de terre blanche et de cailloux. Tout est courbé d'environ 6 pouces.

« Le second lit est formé de plusieurs recharges suc-

---

liis Carnotum ad quatuor leucas Carnotum ubi lapides à tempore romanorum milliaria distinguentes visuntur.

cessives mêlées de pierrettes ; la dernière de 6 pouces environ et presque toute composée d'un caillou fort dur et qu'on doit avoir apporté de deux ou trois lieues. »

Nous ne savons à quel point de la route M. de Caylus en avait analysé la composition ; mais ce qui reste, près de la Croix-Briquet, présente quelque différence dans la pose, la nature et la dimension des pierres. Des recharges n'auraient pas fait entièrement disparaître les traces des roues imprimées sur les couches successives : il n'en existe aucune. En fait de recharge, nous n'avons remarqué qu'une couche de sable placée entre la surface de la voie et la terre végétale actuelle.

Toutes les voies romaines étaient à peu près construites de même. L'*agger* ou chaussée se composait ordinairement de plusieurs couches : l'inférieure de gravier ou petites pierres, la moyenne de blocailles noyées dans la chaux, la supérieure de larges blocs polygonaux ; quelquefois aussi d'un ciment formé avec des briques et de la poterie. C'est l'opinion soutenue par Antony Rich dans son *Dictionnaire des antiquités romaines*, et par Bergier dans son *Histoire des grands chemins de l'Empire romain*. Des études récentes ont confirmé la vérité de cette opinion. La voie qui nous reste à la Croix-Briquet rentre dans ces données ; les couches inférieures se composent de pierres mêlées à une terre blanche, les couches supérieures de pierres noyées dans la chaux, et plus fortes à la surface. On y retrouve aussi des couches intermédiaires de cailloux.

Qu'est devenue la voie examinée par M. de Caylus en 1761 ? Elle a été remplacée par une route macadamisée qui part d'Artenay et aboutit à Chartres, en passant par Allaines, Ymonville et Alonne.

La partie qui s'étendait de Villeneuve à la Croix-Briquet a été retranchée et s'est conservée sous la terre végétale; c'est celle que nous venons de décrire et dont on exploite les pierres, tantôt assez petites pour faire du macadam, et tantôt assez grosses pour être employées dans les constructions. Plusieurs appartiennent à des carrières étrangères à la contrée. Les pierres d'accotement mesurent quelquefois 50 centimètres carrés.

Ce que M. de Caylus n'a pas signalé, et ce que j'ai constaté par un examen attentif, c'est qu'il existait, sous la domination romaine, au bord même de la voie en question, une assez vaste agglomération de maisons qui comprenait l'emplacement du village actuel de Creuzy, et tout l'espace s'étendant de ce village à la chaussée que je viens de décrire. On y rencontre des substructions, des débris de briques, des fragments de vases, des monnaies qui rappellent l'époque romaine.

Au pied de ce *vicus*, et à l'est de la voie, coule par intervalles, après les grandes pluies de l'hiver, un ruisseau qui conserve encore aujourd'hui le nom gaulois de *Nant*, qu'on retrouve à Arpenas, en Savoie, et dans quelques parties des Alpes.

A deux kilomètres plus à l'est, dans un champ dépendant de la ferme de Monchêne, propriété de M. le vicomte de Beaucorps, on a découvert, en 1867, d'autres substructions accompagnées de fragments de colonnes en terre cuite, de briques, de vases, de fresques de l'époque romaine, de monnaies à l'effigie d'Antonin-le-Pieux, de Commode (1).

Ces substructions, qui occupent plus de 100 mètres carrés, paraissent s'étendre beaucoup plus loin et se révèlent, sur un espace assez étendu, par des fragments de

---

(1) Nous avons conservé ou donné au musée historique plusieurs des objets trouvés.

briques que le soc des charrues amène à la superficie de la terre.

Enfin, à 200 mètres de distance de ces substructions, s'élève une butte circulaire entourée d'un large fossé, qui porte le nom de la Mothe. On peut y voir l'emplacement d'un camp ou la base d'un vieux château. Cette butte mesure 40 mètres carrés de superficie; les fossés, larges de 20 mètres, descendent à 10 mètres de profondeur, et le sommet s'élève à peine à 3 mètres au-dessus des terrains avoisinants. Nous ne répugnons pas à croire, sans pourtant l'affirmer, qu'elle a pu faire partie d'une ligne de stations télégraphiques anciennes se dirigeant vers l'est, parce que nous avons retrouvé, à deux kilomètres de là, plus à l'orient, une autre butte à deux étages, également sur la lisière de la forêt et aussi entourée de fossés. Nous laissons la solution du problème à d'autres érudits plus autorisés que nous.

A nos observations sur la voie romaine de la Croix-Briquet, nous pouvons joindre un dessin dû à l'habile crayon de M. Pensée, qui servira à élucider la question.

Pour les pièces justificatives, nous renvoyons aux documents que renferment les archives du château de Chevilly et celles de la préfecture du Loiret.

www.ingramcontent.com/pod-product-compliance
Lightning Source LLC
Chambersburg PA
CBHW060945050426
42453CB00009B/1123